少年宝藏团 — 著绘

了不起的大国榜样

中信出版集团 | 北京

成为一束光 把世界照亮

《阳光少年报》首席执行官 黄宁

我想先讲个关于故事的故事。

2003年，航天员杨利伟乘坐神舟五号飞船一飞冲天。中国成为第三个成功进行载人航天飞行的国家，杨利伟也成为中国飞天第一人。

杨利伟和中国航天员群体的故事，像一束光，照亮了无数人的梦想。

这束光，照到了25岁的陈冬。他发奋努力，后来，乘坐神舟十一号、神舟十四号两次飞向太空。这束光，也照到了17岁的桂海潮。他勤学苦练，后来，乘坐神舟十六号飞天，成为中国空间站首位载荷专家。

你看，这束光，就是榜样的力量。在你遭遇挫折丧失斗志时，它激励你鼓足勇气再去尝试；在你感到困惑迷茫无助时，它鞭策你坚定信念勇往直前。

习近平总书记指出，一个有希望的民族不能没有英雄，一个有前途的国家不能没有先锋。

中华民族历来崇尚英雄、成就英雄，神州大地更是英雄辈出。而我们，河南广播电视台办给孩子的《阳光少年报》，自然责任在肩。自创刊以来，我们始终牢记总书记嘱托，竭尽所能，为中国少年书写英雄故事，传播榜样精神，树立文化自信。

我时时盼望，能以《阳光少年报》的微薄力量，让榜样的光芒，照进更多中国少年的

心田。

现在,《阳光少年报》主创团队——少年宝藏团，精选7年来创作的榜样故事，以“团队英雄”为主角，汇聚成了这本《了不起的大国榜样》。

在这本书里，你能读到英雄群体的闪光故事。边防官兵不惧牺牲，用血肉之躯捍卫祖国领土；试飞员用生命挑战飞行极限，为国之重器尽快列装部队奋不顾身；当兵当到极致，“兵王”个个练就顶尖本领；消防员、警察挺进震中，争分夺秒救助受灾群众；医护人员冒着被感染的风险，逆行武汉治病救人；科考队员冲刺地球之巅，架设世界海拔最高的自动气象站……

你还能读到平凡人的不平凡故事。各路“大侠”带上救援设备，在河北、北京搏击暴雨洪水；村民背起沉重的钢管，在悬崖峭壁造“天梯”，搭起了孩子们的上学路；志愿者出国打击盗猎，非洲象有了中国“守护者”……

25个群体，来自航空、航天、军事等15个行业领域，勾勒大国榜样群像；一个个故事，聚焦关键时刻英雄抉择，点点微光汇成灿烂炬火。

去年，我们出版了科普童书《不可思议的大国重器》，通俗易懂地讲解中国尖端科技、高端装备、神兵利器、超级工程，让中国少年感受大国科技之光。而这本《了不起的大国榜样》，则是让英雄的故事在孩子们心中留下一束梦想之光。

愿英雄的精神，代代传承；榜样的光芒，长盛不衰。愿每一个中国少年，都能感受光，被光温暖，成为一束光，温暖别人，照亮世界！

目录

献给

每一位散发光芒的大国榜样

搏击暴雨洪水、拯救生命的“大侠”们

榜样档案

人物 各路“大侠”

事件 在暴雨洪灾中挺身而出，救助受灾群众

写在前面

别怕，大侠来也！

武侠故事中，每到紧要关头，大侠就会闪亮登场。

2023 年夏，河北、北京等地遭遇暴雨洪灾。“大侠”们的身影，很快就出现了……

开铲车、摘黄瓜也是“大侠”

会轻功的“大侠”

2023 年 7 月 30 日，河北武安，大雨连连。

平时宁静的河流身形暴涨，成了一条翻滚的巨龙。它裹挟着泥沙，咆哮着一路狂奔。

糟糕，有辆车被冲进河里了！

司机逃出车厢，死死抓着汽车尾部。一个接一个大浪，渐渐把汽车摁入水中，司机只能勉强把头露出水面。他快坚持不住了！

别怕，“大侠”来也！

一个橙色的身影施展“轻功”，从天而降。是消防员！

原来，“大侠”早就赶到了河边，几次下水，都被急流狠狠推开。

换绝招！“大侠”召唤来吊车，借助吊车长长的手臂，把自己吊向河中心。

哎呀，距离太远，还差几米！聪明的“大侠”利用水流的方向，给司机抛去了救生衣和救援绳索。

绳索系牢了吗？起吊，我带你飞回岸边！

开铲车的“大侠”

7 月 31 日，北京房山，暴雨哗哗。

洪水来势汹汹，仿佛一只凶猛又饥饿的老虎，要一口吞掉整个村庄。

听，有人呼救！

一对年轻的父母带着孩子，站在房顶焦急地张望。墙已经被洪水拍打得摇摇欲坠。

别怕，“大侠”来也！

一个身影驾驭着一只了不得的“坐骑”——铲车，逆流而来。是同村的村民！

刚驶上一座小桥，铲车就被洪水推得连连后退。“大侠”果断放低铲斗，铲车稳住了！

洪水又卷起杂物堆到桥上，想拦住铲车的去路。“大侠”可不怕，铲车最擅长清理。

这招被破，洪水仍不死心，它淹没车轮，甚至顶起了车身。

“大侠”毫不退缩，继续前行。到了，就是这里，他找好位置，高高举起铲斗。

快上来，我带你们去安全的地方！

倾其所有的“大侠”

7 月 30 日，北京门头沟，山洪滚滚。

K396 次列车被困在落坡岭火车站，车上近千名乘客又冷又饿。

别怕，“大侠”来也！

落坡岭大约 400 名村民，全站了出来。此时，落坡岭断路、断水、断电。村民们尽显侠客本色，为乘客倾其所有。

来吧，住我家！

他们让出床铺，自己找地方打地铺；拿出家里的米面，做成一锅一锅的热粥、面条。

水不够，去山上一桶一桶挑下来；菜不够，把地里的黄瓜、茄子全摘了……

看到这里，你也许发现了，这些“大侠”其实就在我们身边。

没错！2023 年夏，台风“杜苏芮”袭击了许多地方。在和暴雨洪水的搏斗中，每个挺身而出的人都是“大侠”！

不过，同学们也应该知道，地震救援、洪灾救援等专业性较强，往往需要专业人员或专业的设备，你们不要擅自行动。在有条件的情况下，可以提供一些力所能及的帮助。在接受救援时，也一定要听从专业人员的安排。

致敬

没有人生来就是“大侠”。别人有难，伸出援手的人，就是“大侠”。致敬每一位挺身而出的“大侠”！

从几千米高空跃下的空降兵

榜样档案

人物 中国人民解放军空军空降兵

功绩 苦练本领，保家卫国

写在前面

2022年9月17日，是人民空军空降兵72岁生日。

有人说，他们是天上的雄鹰；有人说，他们是地上的猛虎；更多人喜欢叫他们“天降神兵”。

“神兵”到底有多神呢？

空降兵，“天降神兵”猛如虎

想跳伞，先练腿

在空降兵部队里，人人都会跳伞，连炊事员也不例外。

想跳伞，得先练腿。

跳伞着陆时，冲击力巨大无比。普通腿，可顶不住。

这不，“铁腿”训练开始了。

2 米台上，纵身跳；抓着吊环，飞起来跳。100 次，1000 次……练好“铁腿”，才能上云霄。

云霄里，挑战更大。

舱门一开，猛烈的气流迎面而来。运输机在云层里颠簸一下，恐惧又会多三分。

怎么办？只有跳，才能克服对高空的恐惧。

戈壁上，要跳；水面上，要跳；高原上，空气稀薄，戴着氧气面罩也要跳。

战车也要练跳伞

不光空降兵要练跳伞，重型装备也要练跳伞。

瞧瞧它们的降落伞，打开后比半个足球场还大。

再看看它们底部的缓冲气囊，落地也有了保护。

可一训练，它们状况百出。有的脱离了降落伞，摔了个粉身碎骨；有的落地后被降落伞拖拽，翻了个大跟头。

怎样才能让它们稳稳当当着陆，继续战斗呢？

空降兵一次次摸索、试验，终于攻克了难题。

2005 年，中国与某国举行联合军事演习。

这场演习对中国空降兵来说，意义非凡。这是中国空降兵首次大规模成建制的重装空投演习，他们要与外国空降兵，在同一场地同一高度，用一架运输机连投 3 辆战车。

平时的苦练没有白费！

3 辆战车依次“跳”出机舱，乘降落伞缓缓降落，稳稳地落在目标区域。

太完美了！外国国防部长给中国空降兵竖起了大拇指。

3 辆战车连投，世界上只有少数国家能做到。这意味着中国空降兵远程突击能力，实现了历史性的突破。

空降兵的真功夫

不过，能跳伞，只是第一步；会战斗，才是真功夫！

实战演习开始了，来看看空降兵的功夫吧！

天空中，大大小小的伞花绽放。大的是战车、突击车，小的是空降兵。

一落地，空降兵就用寻找器找到了车。以前，空降兵降落后，全凭两条腿跑。如今有了车，行动更迅速。

糟糕，前方有地雷！

工兵分队发射火箭爆破器，开辟道路。

空降兵继续朝“敌军”逼近！

电子对抗分队干扰“敌军”通信。

防化分队喷火攻击地堡。

侦察分队找到攻击目标，引导火箭弹突袭、迫击炮射击。

空降兵各兵种配合，如同一把尖刀，刺入“敌军”后背，打他们一个措手不及。

2008 年，汶川地震发生。受影响的地方，很多道路严重损毁，地面救援部队难以抵达。

震中有个区域，情况更严重，人们无法与外界联系。

只能进行空降了解灾情，空降兵成了最后的希望。

可是，近 5000 米的高空，在无地面指挥引导、无地面标识，无气象资料的情况下跳入震中区域，相当于送死。

临危受命的 15 名空降兵，没有丝毫犹豫：“我愿意付出自己的一切，去挽救灾区人民的生命，实现我们军人的价值！”

他们纵身一跃，最终打开了空中救援通道。

这就是我们的空降兵。哪里有需要，他们就在哪儿从天而降，宛如神兵！

致敬

2008 年汶川地震、2010 年玉树地震，空降兵都冒着危险，搭建起空中救援通道，对救灾的帮助很大。

空降兵不是天生的英雄。只因肩负使命，胸怀祖国，他们才会无所畏惧，创造奇迹！

挺进震中 救援百姓的勇士

榜样档案

人物 参与泸定救援的消防员、警察等救援勇士

事件 与时间赛跑，挺进泸定地震灾区救援

写在前面

6.8 级地震！

2022 年 9 月 5 日 12 时 52 分，四川省泸定县发生地震。有些村庄，断电、断网、断路，成了孤岛，急等救援！

地震后，救援勇士挺进孤岛

生命通道

路，完全看不出模样。

山上的沙石哗啦啦地往下砸。有的路，堆满乱石；有的路，直接被掩埋。

那就打通它！绝壁上，抢修人员开着挖掘机来了。

一边是松动的山坡，一边是深深的河谷，窄窄的生命通道，被抢修人员推进了一米又一米。

桥，被震塌了。那就重新搭！

消防员砍下树干，用绳索捆在一起，搭成简易木桥。这下伤员们可以过河啦！

来不及开路、搭桥的地方，就得靠直升机了。

可山多、石头多，直升机常常连起降的地方都找不到。那就空中悬停，用吊篮接送伤员！

就这样，一条又一条生命通道被打通了。

紧急救援

救命的人来了！

在一碗水村，一位头发斑白的老奶奶受伤被困山顶。

山体不断塌方，落石随处可见。

消防员又是抬担架，又是轮流背，一路护送老奶奶下山。

在海螺沟景区，一名男子，已经被倒塌的房屋压了一段时间。

通道狭窄，挖掘机进不来。

用铁锹，又只能清理外围碎石，再靠近就可能伤人。

上手刨吧！一下，两下，三下……特警的手套磨烂了，手也磨破了。

近了，更近了。“呼啦”一声，特警提着男子的腰带，把他拽了出来。快，送医院！

“嗒嗒嗒……”直升机降落在海螺沟景区 3 号营地。

一个、两个、三个……200 多名受困人员分批坐上直升机，安全转移！

糟糕，下雨了，直升机回不去了。有 24 名参与救援的特警，还在景区呢！

24 名勇士

3000 米海拔的山上，夜晚寒气逼人。特警们找了一片开阔地，驻扎下来。冷了，烧火取暖；饿了，烤土豆吃。

山里余震不断，塌方的轰隆声，一阵阵传来。特警们轮流守夜，一旦发现紧急情况，立马吹哨集合。

一天一夜了，雨还没有停。偏偏这时，卫星电话打不出去了。

不能打电话，救援人员就无法联系到特警们。

特警们害怕吗？没有，他们很乐观。

他们边烤土豆边聊天，大家还讲起了自己的童年趣事。

特警们后悔吗？没有，他们很坦然。

他们说，接到命令后，必须不惜一切地去完成。这既是自己肩负的责任，又是光荣的使命。

深陷灾区的 24 名勇士，牵动着很多人的心。

“他们安全吗？”“有没有冻着、饿着？”

将近一天后，卫星电话终于打通了。可是山里雨大雾大，直升机无法救援。特警们只好继续等。

2022 年 9 月 10 日，好消息传来！直升机可以在当地起降了。

空中通道开启，勇士平安归来。

谢谢你们，救援勇士！谢谢你们，所有的英雄！

致敬

灾难来临时，害怕、躲避是人的本能，逆行冲锋是英雄的选择。

英雄们用无畏的勇气，打通生命通道，拯救生命，守护百姓安宁。

筑起“防火长城”的消防员

榜样档案

人物　中国消防员

事件　在成百上千名志愿者帮助下，扑灭重庆多起山火

写在前面

夜幕下，一边，熊熊烈焰，步步逼近；另一边，束束微光，筑起“防火长城”。

这震撼人心的一幕，出现在重庆缙云山。微光，是救援人员的头灯。一个光点，就是一个人。

他们用微光，筑起“防火长城”

山林着火

热热热，太热了！

2022 年 8 月，“火炉”重庆，简直变成了太上老君的炼丹炉。

40 多摄氏度的高温，一天接一天。

有的路面，晒化了；有的河，断流了；就连葡萄，也快晒成葡萄干了。

糟糕，有山林顶不住，着火了！

短短十几天，一座接一座山，变成了“火焰山”。隔着江，人们都能听到噼里啪啦的燃烧声。

上山，灭火！消防员从四面八方集结到重庆。

他们架水泵，铺水带，冲向火海。

最近时，消防员离火线只有一米。

太热了！消防员从火线下来，往身上倒水降温，水很快就变成了水蒸气。

太累了！消防员靠着树休息，面包还没吃完，就睡着了。

“摩托骑士”

咦？有人在网上求助。

“山高坡陡，汽车不好走，物资运输困难。”

“有几百个消防员还没吃上饭。”

终于能帮上忙了！不少重庆人骑上摩托，出发！

“摩托骑士”一呼百应。越野摩托、家用摩托、送外卖的油摩托，全来了。

盒饭、矿泉水、药品…… “多装点，我背得动。”

坡太陡，没冲上去，人和车一起摔了下来。再来！

山间，“摩托骑士”穿梭往来。

山下，志愿者越聚越多。

盒饭做好了！矿泉水冰好了！

建隔离带需要人手？呼啦啦，一群人站出来报名。

“防火长城”

好消息不断传来。山火一片片被扑灭。

只剩缙云山了！

缙云山古木参天，翠竹成林，景色优美，被重庆人称为“小峨眉”。

这里的火，已经烧了 4 天，眼看要烧到隔离带。

8 月 25 日，机会来了。

这晚，风向合适，正好能用森林消防的奇招——以火灭火！

这不，消防员点燃了“人工火”。

它像一条火龙蔓延开来。

山火和它一交手，嘿，半山腰的火灭了！这是因为，山火被抢走了氧气，没有了燃烧条件。

不好，风向突变，火在山顶烧了起来。

别担心！看见那条闪着光的“长城”了吗？点点微光，正朝山顶移动。

消防员端着水枪，救援志愿者拿着灭火器，死死守护着最后的防线。

看啊，红色的山火，被一点点“摁灭”。整座山，只剩下“长城”在闪烁。

那一盏盏头灯，光芒如此微小，却又如此耀眼。

第二天清晨，当朝霞再次映照缙云山时，余火也被全部扑灭。

至此，重庆多起森林火灾扑救战斗，全线告捷！

致敬

点点微光，汇聚起无穷的力量，筑起守护家园的钢铁长城。致敬，消防员！致敬，每一位灭火英雄！

延伸阅读

扑救火灾是高手，抢险救灾冲在前。消防员们过硬的本领，是在刻苦训练中练就的。

你看，中国消防员第二次参加“消防员奥运会”，就取得了不错的成绩。

瞧，中国消防员会“轻功”

2022 年 10 月 1 日至 4 日，中国消防员在乌兹别克斯坦参加第十七届世界消防救援锦标赛。

世界消防救援锦标赛，代表了全世界消防技能的最高水平，被称为“消防员奥运会”。

十几秒冲到 4 楼

消防员比赛，比什么？

攀登挂钩梯上楼，就是其中一项。

在小组赛中，4 名参赛队员，半蹲在起跑线上。

砰！发令枪一响，中国消防员拎起梯子，像箭一样冲出。

17 斤重的梯子，中国消防员拎着毫不费力，很快到了 30 多米外的楼下。

梯子上有钩，稳稳挂住窗台。噔噔噔，中国消防员顺着梯子爬到 2 楼。

他一侧身，手用力，梯子挂上 3 楼。再上一层！

好样的！中国消防员飞檐走壁，率先到达 4 楼终点。用时仅十几秒，快如闪电！人们说，中国消防员会“轻功”。

在火场上，每快 1 秒钟，就有可能多救一个人。

配合默契

4x100 米接力马上开赛！

这可不是普通的接力赛。消防员要灭火，得先翻板房、过障碍。

飞檐走壁，对消防员来说不是难事。可过障碍时，得用双手助力，接力棒怎么拿？

瞧，中国第 2 棒、第 3 棒消防员，用嘴巴咬着棒子，快速通过障碍物。

就看第 4 棒了！

只见中国消防员拎起灭火器，冲向浓烟滚滚的着火点。

到了跟前，他一个“急刹车”，瞄准火源猛喷。

仅仅几秒钟，火就被扑灭，他转身奋力冲向终点。

这届“消防员奥运会”，中国队的成绩怎么样？拿到了 2 个项目的第 3 名，团体总分第 4 名！与以往相比，进步了很多！

守护人民的公安英雄

榜样档案

榜样 全国公安系统先进单位、先进个人

功绩 以他们为代表的公安队伍，让中国成为世界上最安全的国家之一

写在前面

2022 年 5 月 25 日，全国公安系统英雄模范立功集体表彰大会在北京人民大会堂举行。982 个先进单位、1485 名先进个人受到表彰。这些公安英雄有什么本领？为什么受表彰？我们来看 3 个小故事吧！

谢谢你，我们的公安英雄！

“鹰眼神探”

公安英雄，有孙悟空一样的“火眼金睛”吗？

有！湖南澧县有个黄春明，人们都叫他“鹰眼神探”。

坏人碰到他，就会无处可逃。

这不，一天早上，黄春明在公园晨练，眼睛一瞄，发现一个。1 个多月前，监控拍到有人偷电动自行车。没想到，这会儿，偷车贼主动送上了门。抓住他！

但有时，坏人也很狡猾。

一次，黄春明侦办抢劫案，要追踪一个疑犯。可那个疑犯总在夜间出动，戴着口罩、鸭舌帽，根本不露脸。

黄春明调取了 90 个监控点的录像，找了 10 天，终于在网吧抓住了他。

怎么找到的？原来，是疑犯的走路姿势出卖了他。你说，黄春明是不是有“火眼金睛”？

守护“天路”

公安英雄，有哪吒一样的“三头六臂”吗？

也有！来西藏的安多县看看。

这里，有世界海拔最高的公路。

货车载着物资，在这条“天路”上日夜穿梭。

这里，还有“风雪仓库”唐古拉山口。

冰雪、大风从不消停。冬天，它们更是嚣张，动不动就“冰封”公路，让几百辆汽车堵成一锅粥。

谁能来帮帮忙呀?

安多交警来了。他们没日没夜，用铲车铲雪，抡起铁锹除冰，终于疏通了公路。

路是能走了，可气温太低，又有汽车动不了啦。

还是安多交警。他们帮油箱加热，给轮胎装防滑链……汽车长龙又动了起来。

糟糕，有人出现了高原反应!

安多交警早有准备。他们拿出氧气瓶和药，赶紧救人。

你瞧，他们是不是有“三头六臂”?

铁血硬汉

公安英雄，有刀枪不入的本事吗?

这个……当然没有了。可即便如此，他们也没有一丝畏惧。

2015 年，新疆特警张晨阳参加了一场反恐战斗。

战斗中，一枚爆炸物眼看要落入装甲车。他伸手接住爆炸物，向外抛去。就在这一瞬间，一声巨响，火光吞噬了他的左手。

手术台上，张晨阳反复恳求：“医生，不要给我截肢，我还要拿枪！”

可因为左手伤势严重，张晨阳失去了大拇指，手严重变形，没法配合右手的动作了。他还能拿枪吗?

张晨阳一遍遍地练习，手上、枪上、纱布上全是血。终于，他练成了单手换弹匣和单手射击的本领。

这就是我们的公安队伍，一支和平年代牺牲最多、奉献最大的队伍！

2022 年的一项数据显示，十年来全国有 3799 名民警英勇献身，5 万余名公安民警光荣负伤。

正是有了他们，中国成为世界上刑事犯罪率最低、世界公认的最安全的国家之一。

致敬

打击犯罪，他们勇往直前；保护人民，他们挺身而出；执行任务，他们不怕辛苦。

因为肩负神圣使命，公安干警练就高强本领，为我们的安全筑起了铜墙铁壁。

架设海拔最高自动气象站的科考队

榜样档案

人物 中国珠峰科考队员

事迹 在珠峰北坡海拔 8830 米处，架设自动气象观测站，创造新纪录

写在前面

每年的四五月份，珠穆朗玛峰（以下简称“珠峰”）的暴脾气，总会稍稍收敛。这时，正是登山的好时机。

2022 年，珠峰脚下又热闹起来。不过，这次可不仅仅是为了登山……

8830 米！中国气象站架上地球之巅

奇怪的“登山队”

丁零，牦牛驮着物资进山了。

嘀嘀，大巴车载着人也来了。

咦，天上怎么还飞来一架直升机？这阵仗可够大的。

再看看珠峰大本营，更是不一样了。

奇奇怪怪的设备接连登场。有的架在房顶，有的安装在野外。

这边，无人机、雷达刚露脸。

那边，科考机器人转动着履带，也亮了相。

看出来了吗？来的可不是普通的登山队，而是装备先进的科考队。

这次，270 多名科考队员，齐聚珠峰，要执行一项名为“巅峰使命”的科考任务。

“巅峰使命”，是中国第二次青藏高原综合科学考察研究的一个项目。它的学科覆盖面最广、参加的科考队员最多、采用的仪器设备最先进。

在地球之巅科考

行动开始了！

有人去给冰川“做体检”。

冰川雷达、三维激光扫描仪，出马！

量一量它的身高，“画一画”它的肖像。珠峰所在的青藏高原，冰川林立，被称为“亚洲水塔”，是众多河流的发源地。冰川的“体检”关系重大。

有人去探测大气。

白白胖胖的浮空艇，升空！去海拔 9000 多米的空中，收集水汽和温室气体的数据。有了它们，就能更好地研究青藏高原环境的变化。

咦，这些科考队员在干什么？

背着登山包，戴着传感器，走来又走去，他们不看天，不看地，倒是挺关心自己的——心率高了吗？血压怎么样？

血液、尿液、唾液……统统被收集起来，当成了标本。

这当然也是科学研究。科考队员正在用自己的身体，研究极高海拔对人体的影响。

世界最高自动气象站

看！还有人要登上珠峰峰顶，去完成一项大任务。

珠峰直刺苍穹，气象情况瞬息万变。

如果有了气象站，就能更好地研究青藏高原的气候。

之前，世界最高的自动气象站，架设在海拔 8430 米的地方。

这次，我们的科考队员，要挑战更高的海拔。

2022 年 5 月 4 日凌晨，开始冲顶。

一台 50 千克的设备，被拆分开，背在队员们的肩膀上。

负重，让冲顶的难度翻倍。没想到，队员们又遇上了齐膝深的积雪。

极寒、负重、缺氧……500 米的直线距离，他们走了七八个小时。

好不容易抵达架设位置，问题又来了。冰雪太厚，队员们挖了一米多深，也没找到能固定设备的岩石。

继续攀登、寻找！

终于，中午时分，科考队员在海拔 8830 米处成功架设了气象站。

它，屹立在地球之巅，是目前世界上海拔最高的自动气象站。

致敬

勇于挑战的人，遇到困难，会开动脑筋，千方百计战胜它。只有勇于挑战的人，才有机会登上更高的山，欣赏更美的风景！

用生命搏击长空的试飞员

榜样档案

人物 中国空军试飞员——专门担任飞机飞行试验任务的飞行员

事迹 用生命挑战飞行极限，打造国之重器

写在前面

2022 年是中国空军试飞部队成立 70 周年。在一次活动中，空军多型号战机的首飞试飞员在吉林长春亮相。

试飞员？他们和飞行员有什么不同？为什么大家对他们如此尊敬？

他们，用生命试飞

生与死的考验

“砰——”

2006 年的一天，试飞员李国恩驾驶战机刚爬升到 100 米左右时，机身发生剧烈震动。

糟糕，右发动机发生故障！重启，失败；再重启，又失败。

此时，战机满载飞行，稍有不慎，就会像巨型炸弹一样，砸向地面。

跳伞，弃机？不行！这是新研发的战机，全国只有一架。李国恩果断决定——投掉副油箱，减轻飞机重量，准备迫降。

坏了，战机下方是工厂和居民区！不能投！战机果断转向，朝山区飞去。

时间一分一秒过去，警报一遍遍响起……终于，李国恩成功投掉了副油箱，用仅剩的一台发动机，驾驶战机稳稳降落。

这，就是试飞。

试飞员驾驶的战机，尚未定型。每一次飞行，都是生与死的考验。

“会飞的工程师”

只是飞上蓝天，还不够。

试飞员还要一次次挑战飞行极限。

大风天，要飞！

天气冷、云层厚，飞机容易结冰，也要飞！

那年冬天，试飞员邓友明，要试飞一款国产运输机。他驾驶飞机一头钻进厚密的云层。机翼结冰，飞机难以操控，像风筝一样飘摆不定。可为了拿到结冰数据，邓友明硬是坚持了 3 个小时。

有时，试飞员要把战机逼近失控状态。

这不，邓友明的战机，在空中不停翻转、下坠，好似发狂的野马，眼看控制不住了。关键时刻，他冷静操作，缓缓加大油门，瞬间把战机“驯服”。极限飞行的数据，拿到手了。

这，也是试飞。

试飞员就像“会飞的工程师”。他们冒着生命危险，拿回数据，帮助新机改进升级，成长为真正的飞机。

搏击长空的战鹰

试飞员李刚几乎飞过中国所有型号的战机。

2000 年，李刚加入试飞员队伍。他不怕试飞有危险，他的心愿简单而神圣——为战友早日飞上新飞机做贡献。

他说到做到。这一飞就是 20 年，直到退休。他亲眼见证了国产战机的一次次升级换代。

从“飞豹”到歼-10、歼-15……终于，他等到了新一代隐身战机歼-20。

那威武的造型、硬朗的线条，让李刚“怦然心动”。

2011 年初，歼-20 首飞。作为首飞试飞员，李刚加满油门，驾驶战机飞行 18 分钟，安全落地。

停机坪上，塔台里，就连周围的树上，都是欢呼的人群。

这次试飞，意义非凡。歼–20，开启了中国空军的“20年代”。

接下来的几年，中国首款自主研制的大型运输机——运–20、中国自主研发的新一代10吨级战术通用运输直升机——直–20，一架又一架国之重器，搏击长空。

空军试飞员，陪伴战机成长，又送它们参军。抬头仰望，中国战鹰从未像今天这般群星璀璨。

致敬

每个人的生命都很宝贵。可有些人，把使命看得比生命更重要。他们的心中装着祖国，揣着梦想，不怕困难，不惧牺牲，是当之无愧的英雄。

冒着炮火前行的中国记者

榜样档案

人物　到一线采访的中国新闻工作者

事迹　深入俄乌冲突地区采访报道

写在前面

“砰！砰！”当地时间 2022 年 2 月 24 日清晨，巨大的爆炸声响彻乌克兰首都基辅。俄罗斯和乌克兰爆发军事冲突！

新华社驻白俄罗斯记者鲁金博立刻收拾行李，赶往乌克兰！

中国记者，战地逆行！

逆行出发

“边境关闭，长途车取消！”

刚准备动身，鲁金博就遇到了难题。飞机停飞，火车停运，连长途车也取消了。

只能开车了！先去边境再说！

相机、电脑、记者证……检查一遍。再提一桶汽油，以防路上的加油站没油。

好，出发！鲁金博看了看导航，距离基辅 550 千米。

开了好几个小时，终于到了边境。

“乌克兰那边在打仗，你不能过去！”

果然被拦了下来。鲁金博赶紧出示证件解释。白俄罗斯关卡的工作人员提醒，前面的桥都被炸断了……

鲁金博仍然坚持要过去。

好吧！工作人员佩服地和他握手告别。放行！

驱车夜行

该过乌克兰关卡了。

没想到，异常顺利。

因为，根本没有人。工作人员早已撤离。空空的岗亭，只有灯孤零零地亮着。天已经黑透了，鲁金博开着车，一路向南狂飙。

突然，导航设备显示路消失了。鲁金博一脚踩下刹车。

下车看看，一片水泥残渣；下车走几步瞅瞅……天哪，前方的桥被炸了，再往前开就掉河里了！

只能绕路了。钻进树林，泥泞的路上，车灯的两束光颠来晃去。

终于，鲁金博又开回主干道。路上，出现了一辆辆坦克和战车。看来，目的地近了。可是，哨卡也多了。

“停车！熄火！”十几个身穿迷彩服的士兵冲过来，端着枪命令道。

鲁金博降下车窗。几支枪伸了过来：“双手放在方向盘上。”

还好，鲁金博有战地采访经验。

他拿出证件，耐心解释，通过了哨卡。之后，又通过了一个哨卡，终于，基辅到了！

火线穿行

太难了！鲁金博为什么一定要来呢？他不怕死吗？

怕，但他是记者。如果需要，战场也是他们工作的地方。在乌克兰，这样的中国记者还有不少。

基辅的街头，中央广播电视总台记者王晋燕正在做报道，突然防空警报响起。

快跑！赶紧找避难所！镜头记录下她转身的一瞬，背包里竟插着牙刷。

在那里，王晋燕为自己准备了应急包，连牙刷也要随身携带。

乌克兰通往波兰的边境检查站，难民彻夜排队。车队长达 30 千米。

在那里，中央广播电视总台记者杨春记录下了这一幕。接着，他穿着防护背心、戴上专业头盔，继续深入乌克兰。

“如果你没办法阻止战争，那就把战争的真相告诉世界。”这是战地记者的格言。他们在战火中穿行，呼唤和平。

致敬

这世界上，有一些职业危险重重又意义非凡，新闻记者就是其中之一。

无数记者不顾安危奔赴一线，采写新闻；冲到最危险的地方，找寻真相。仅 2022 年，全世界就有 86 名记者及媒体工作者殉职。

有人说，倘若一个国家是一条航行在大海上的船，新闻记者就是船头的瞭望者。

有了瞭望者，船会更加安全。

捍卫祖国领土的边防官兵

人物 中国边防官兵

事件 在喀喇昆仑山，某连队边防官兵收到一面特殊的国旗

写在前面

你知道吗？每天清晨，北京天安门广场升起的国旗都是崭新的。

那些换下来的国旗，有的会去执行特别的任务。

2022 年元旦前，就有一面国旗从北京出发了……

特殊的国旗，送上喀喇昆仑

特殊的国旗

每天，伴随着第一缕阳光，鲜艳的五星红旗在天安门广场高高升起。

太阳落山，它又被缓缓降下。

收拢，缠绕……在国旗护卫队擎旗手庄严的动作中，它被整理好，扛回驻地。

写上编号，装入旗盒，再存进旗库，这面国旗当天的使命就完成了。

旗库里，国旗被妥善保管，直到新任务来临。

这不，有人来了。

2022 年元旦前，一面特殊的国旗，被取了出来。2021 年的八一建军节，正是它在天安门广场高高飘扬。

建军节，意义不一般。让这面国旗去执行特别的任务最合适。

特别的去处

坐着飞机，国旗出发了。

飞过高山，越过湖泊，向西，再向西。换乘汽车，继续前进……

看到连绵起伏的雪山了吗？喀喇昆仑高原就在脚下了。

这里是祖国的西部边陲。漫长的边境线上，一座座哨所筑起了边防长城。

这里也是“生命禁区”。在喀喇昆仑高原，有句顺口溜：“天上无飞鸟，地上不长草，六月雪花飘，四季穿棉袄，风吹石头跑，氧气吃不饱。”

有的哨所，位于海拔 5000 米以上的地方，自然条件恶劣，连老鹰都很难飞过去。一次巡逻，就是一次生死考验。在深谷地段，为了防止跌下去，战士们把绳子系在腰间连成一串，手脚并用地进行攀爬。

有的哨所，所在地区寸草不生，四季飘雪，终年冰封，被称为“生命禁区的禁区”。有一回，突降大雪。巡逻完毕返回时，积雪埋没了膝盖，加上极度缺氧，战士们几乎无法行走。后来，他们干脆爬着回到了营地。

不过，这面国旗要去的，是一个更特别的哨所。

坚定的誓言

到了，就是这儿！

烈士肖思远生前所在的连队。

2020 年 6 月，外军悍然越线挑衅。

边防官兵英勇战斗，用血肉之躯挡住了外军的侵犯。

不幸的是，有 4 位边防官兵壮烈牺牲，他们是陈红军、肖思远、陈祥榕和王焯冉。陈红军是甘肃人，陈祥榕是福建人，肖思远和王焯冉是河南人。

增援队伍及时赶到，一举将来犯者击溃驱离。外军溃不成军、抱头逃窜，付出了惨重代价。

国旗，跨越 5000 多千米，从首都北京来到西部边陲，就是为了看望这群可爱的人。

这天，山谷寂静，国歌嘹亮。

鲜艳的五星红旗，被缓缓打开，高高举起。

在国旗后方的峭壁之上，写着八个大字："大好河山，寸土不让。"

战士们右手握拳，庄严宣誓："服从中国共产党的领导，全心全意为人民服务……誓死保卫祖国！"

这誓言，响彻山谷，回荡在整个喀喇昆仑。

致敬

"海拔高斗志更高，缺氧不缺精神。""宁让身体透支十分，也不让领土丢失一寸。""宁将鲜血流尽，不失国土一寸。""边关虽苦，但总要有人守。只要边防一天需要，我就一天不走。"……

边防官兵用青春和热血，换来祖国山河无恙！

向最可爱的人致敬！

延伸阅读

边防官兵驻守的很多地方，条件都特别艰苦。有的地方，拍一巴掌，就能拍死 100 多只蚊子。每天要倒掉 20 盆灭蚊灯消灭的蚊子……

“蚊虫王国”里，边防官兵不退缩

在新疆靠近边境线的地方，额尔齐斯河拐了个弯，和另外两条河来了个聚会。这里，就叫“北湾”。

这里草木葱郁、沼泽密布，引来无数蚊子安家。大蚊子生小蚊子，蚊子多得成了灾。小小的北湾，成了世界上有名的“蚊虫王国”。

每年的 6 月到 8 月，北湾蚊虫肆虐。拍一巴掌，就能拍死 100 多只蚊子。

那里有句俗语：“三只蚊子一盘菜，十只蚊子咬死牛。”

这么可怕的地方，就连鸟儿也不愿筑巢。

可是，为了守护祖国的边疆，边防官兵们得驻扎在这里。

防蚊武器

扎根边疆，就得和蚊子战斗！

以前，战士们用的是土办法。

巡逻时，穿上雨衣，袖口缠上毛巾。蚊子成群结队扑在雨衣上，噼里啪啦，像在下暴雨。

打篮球时烧上干牛粪，上厕所时点上艾草，蚊子讨厌烟雾，就没那么猖狂。

土办法效果有限，战士们常被叮得浑身都是大肿包。

现在，战士们有了高科技。

外出巡逻，穿上新一代防蚊服，防护严密；涂上新款防蚊药品，许多蚊子不愿接近。

战士们住的“防蚊公寓”，用上了各种防蚊手段。战士们在里面生活、训练、学习和娱乐，不用担心被蚊子袭击。

太阳能灭蚊灯遍布营区。它们每天消灭的蚊子，能装满 20 个脸盆。战士们起床第一件事儿，就是“倒蚊子”。

高科技效果真不错，战士们身上的包少多了。那么，军犬怎么防蚊呢？

军犬也有防蚊服

军犬是战士们巡逻的好搭档，贡献可大了。

遗憾的是，在北湾，先后有 7 只军犬因为蚊子叮咬而牺牲。

第八只军犬叫炎龙，为了保护它，战士们给它搭起了犬舍，支起了蚊帐。

巡逻时，给它浑身涂上厚厚的泥巴，喷上驱蚊剂。可是，泥巴很快就掉了，驱蚊剂过段时间就失效了。炎龙被蚊子叮得受不了，跳进河里，不愿出来。

网友给炎龙寄来特制的防蚊服。防蚊服分两层，外层面料结实又耐用，内层面料舒适又透气。炎龙的防蚊服，还有头套和尾巴套呢。这下，炎龙巡逻时就不担心被蚊子攻击了。

从 2014 年入伍到 2022 年退伍，炎龙参加巡逻 700 余次，走了近 9000 千米。

退役前，训导员握着炎龙的爪子，一起为界碑描红。

再见，守卫边疆的军犬炎龙！

在南极“盖房子”的建设者

榜样档案

人物　中国南极科考站建设者

事迹　出征南极，建设科考站

写在前面

上船喽！2021 年 11 月 5 日，雪龙号极地科学考察船从上海启程，开展第 38 次南极科学考察。

来了，来了！科学家来了，医生也来了。还有一支队伍，雄赳赳气昂昂，要去南极“修房子”。

他们，在世界尽头“盖房子”

去南极“盖房子”

1984 年 11 月，科学家郭琨带领队员，从上海出发，要去南极办一件大事儿——“盖房子”！

南极，对郭琨来说，太遥远了。

那里，是世界的尽头。作为中国第一支南极科考队，他和队员们要斜穿太平洋，跨越 13 个时区。

那里，是冰雪的世界。最冷可达零下八九十摄氏度，普通的钢铁扛不住，会冻得像玻璃一样脆。年平均气温零下二十多摄氏度，也够冷的。

一路上，狂风咆哮，巨浪滔天。

在海上颠簸了 40 多天，郭琨和队员们终于抵达南极。

五星红旗，第一次飘扬在南极大陆。

长城站建好了

时间不多了，立刻开工！

要知道，在南极，只有两个季节——暖季和寒季。

寒季漫长，常常见不到太阳，天气极度寒冷，无论什么工程都很难施工。只有在短暂的暖季才能“盖房子”。

郭琨和队员们来得正是时候。

想要“盖房子”，得先建卸货的码头。

“扑通扑通”，队员们一个个跳入水中。南极的海水，可真冷啊！队员们抡锤、打桩，干 10 分钟就得轮换。一组上岸，另一组立刻下水。

短短三天，简易码头就基本完工了。

物资运来了，能“盖房子”了。

不料，一打地基，碰上了冻土层。队员们狠狠地挥镐，只砸开一点点土。时间不等人，他们一遍遍砸，一点点打，每天只睡 4 个小时。

雪像子弹一样，打在他们脸上。他们的头发、眉毛冻上了冰碴儿。背上的雪，被热汗融化，又被寒风冻住。

终于，主体房屋、气象站、储油罐一个个完工。仅用 27 天，中国第一座南极科考站长城站就建成了，创造了各国在南极建站的最快纪录。

不过，在南极“盖房子”的故事，才刚刚开始。

科考站大变样

这些年，一支支队伍，奔赴南极。中山站、昆仑站、泰山站、秦岭站，次第建立。

早期的集装箱“铁皮房”，变成了一栋栋楼房。

科考站变成了“科学小镇”。

走进中山站看一看！

30 多辆车随时待命，直升机起起落落。

宿舍楼 24 摄氏度恒温，上网、打电话、洗热水澡都方便。

想吃新鲜蔬菜？没问题。温室蔬菜，每个月能收 60 千克，还能和邻居们分享呢！

这次，来南极“修房子”的人有 29 个。他们要升级设备，把中山站建得更现代化。

在南极“盖房子”“修房子”，可真了不起！可以让科学家住得更舒适，让我们探索的脚步走向更遥远、更广阔的天地。

2022 年 4 月 26 日，雪龙号极地科学考察船远航归来，中国第 38 次南极科学考察圆满完成。

“修房子”的工程师们，也完成了中山站的维修任务。科考站的储油系统容量更大了，供电系统更好了，中山站也更加现代化了。在这里，科考队员生活更加舒适，干劲十足。

致敬

1984 年，中国科考队员前往南极建设长城站。出发前，人人签下“生死状”，做好了牺牲的准备。在南极，队员们拼上性命，用简陋的装备建起了长城站。

当时，前来参观的外国人问中国科考队员，这样拼命干，能挣多少钱。

中国首支南极科考队队长郭琨说：“要是为了挣钱，一天给我一万块钱我也不来，我们就是为了振兴中华、为国争光！”

正是凭着这种精神，一批又一批中国科考队员，盖起了一个又一个科考站，完成了一次又一次科考任务。

“隐身”英雄：国安警察

榜样档案

人物 国安警察。他们对危害国家安全的犯罪行为进行侦查，惩治危害国家安全犯罪

荣誉 国家安全机关干警获颁“中国青年五四奖章”

写在前面

“中国青年五四奖章”，是中国青年的最高荣誉。

2021 年五四青年节前夕，第 25 届“中国青年五四奖章”颁授。

没想到，有个人的照片，竟然看不到眼睛，瞧不见鼻子，只有模糊的轮廓。倒是胸前的位置，清晰地印着一面五星红旗。

原来这才是真正的特工

特殊的英雄

他是谁？我们来看看简介吧！

啊？只有几十个字！

别人的简介，写有先进事迹、荣誉称号，可他呢？

“江健（满族），辽宁省国家安全机关干警……”

等等，他在国家安全机关工作？

人们肃然起敬。原来，他是一位身份特殊的英雄。

要知道，国家安全机关，肩负着反间谍、维护国家安全的神圣使命。

国安警察，总在看不见的战场，执行最危险的任务。他们通常被称为特工。

在电影里，特工往往带着炫酷装备，一会儿跃下高楼，一会儿爬上飞机，风光地完成任务。

但在现实中，国安警察的样貌不能公开，就算面对镜头，也只能用背影或简单的轮廓代替。

因为，他们要对付的敌人非常特殊。

看不见的敌人

“嗡”，天上飞来一架无人机。

糟糕！地面上，我国军队正在训练。部队的规模、训练的任务，都是军事机密。

这无人机，不怀好意。步枪准备，把它打下来！

“哗”，海里捞出一个大家伙。

一鉴定，竟然是水下机器人。它能在海底观察、拍照，还能发送照片。

很明显，它是来窃取我国舰艇情报的。必须清除！

“叮”，微信里也可能有敌人的圈套。

敌人先加好友，再获取信任，最后花言巧语骗人拍照片、找资料，窃取国家机密。

你看，在隐蔽的地方，一直有敌人窥探国家机密。

国安警察要对付的，正是这些背地里的敌人。

“隐身”的英雄

敌人隐藏得深？我们的“隐身”英雄，耐心十足。

曾经，有一个间谍，窃取我国大量国家机密后，假装落水，神秘失踪。

他足足隐藏了 30 年，自以为安全了。没想到，再次窃密的他，一露面就被国安警察拿下了。

原来，国安警察刘牧东，暗中调查了 30 年，就等他现身呢！

敌人十分狡猾？我们的“隐身”英雄，更加机智。

间谍王强，因为工作关系，掌握着大量国家机密。他和外国人频繁交往。国安警察陈昕茹，一直在暗中观察，寻找证据。

一天，从不做家务的王强，竟然出门扔了一袋垃圾。

这袋垃圾不寻常！陈昕茹仔细翻找，没想到，真的找到了一张小字条。

这下，间谍接头的地方被破解了。国安警察出动，布局，抓人！

瞧，这就是我们的“隐身”英雄。

他们有着火眼金睛，能让居心叵测的敌人现出原形。他们有一身超强本领，能制伏危险的敌人。他们更有一颗忠诚的心，时刻守护着祖国的安全。

（本文人名均为化名）

致敬

正是有了无名英雄们在黑暗中的默默守护，我们才能在阳光下快乐奔跑。无名英雄们没有电影里的风光无限，但他们用生命书写的故事，却比任何电影都震撼人心。

这，才是真正的英雄！

延伸阅读

国安警察，常常冒着生命危险执行任务，姓名、模样不能公开，牺牲后也没有墓碑……他们的故事鲜为人知。

2018年，一位国安警察的故事被公开报道。此时，他已经牺牲一年多了。

他是全国国家安全系统一级英雄模范，我们就叫他“中国特工”吧。

“中国特工”，雪域高原潜伏10年

“中国特工”是一个孤儿，爸爸妈妈去世得早，是党和政府把他养大的。

警校毕业后，“中国特工”成了一名国安警察。很快，他接到了任务：到边境线搜集情报！

“中国特工”二话不说，在海拔5000多米的雪域高原，一潜伏就是10年！

10个土豆撑10天

这10年，真苦啊！

有一回，大雪封山三个多月，交通完全中断，“中国特工”困在了潜伏地点。最后，食物只剩下10个土豆。他就一天只吃一个蘸盐巴的土豆，撑了10天，终于等来了救援。

缺吃少喝的日子，还可以忍受。最难忍的，是山里的毒虫。只要在山林里走一趟，他就会被叮得全身是血，痛痒不已。

更可怕的是，他随时面临着死亡的威胁。

任务没完成决不离开

“中国特工”搜集了很多重要情报，有关部门据此抓捕了一批间谍。

这让“中国特工”成了敌对分子的眼中钉、肉中刺。

有一次，“中国特工”带队执行一项秘密任务。

情报人员了解到，敌对分子要实施报复，计划绑架“中国特工”！

太危险了！队友们劝“中国特工”提前撤离。“中国特工”却说，任务没有完成，他决不离开。

就这样，“中国特工”跟敌对分子周旋了 3 个多月，最终完成任务，带领所有队员安全返回！

“中国特工”，真是个英雄！

勇闯难关的中国测量登山队

榜样档案

团队 2020 珠峰高程测量登山队

事迹 首次在珠穆朗玛峰峰顶开展重力测量，精确测量珠峰“身高”

写在前面

28 天，3 次冲顶，2 次下撤！

2020 年 5 月 27 日 11 时，2020 珠峰高程测量登山队，终于站上了地球之巅——珠穆朗玛峰（以下简称“珠峰”）峰顶。

我们的故事，从一次下撤讲起。

中国测量登山队，再为珠峰“量身高”

等待机会

2020 年 5 月 21 日，珠峰营地飘着雪花。

一队人拖着沉重的步伐，从山上缓缓走下来。

下撤！第二次下撤了！

第一次，登山队走到半路，不料风疾、雪厚，他们下撤了！

这一次，气旋风暴“安攀”来捣乱，大雪积得比腰还深，他们再次下撤！

太让人失望了。可谁让它是珠峰呢！

珠峰的脾气，是出了名的坏。一年 12 个月，大部分时间在发脾气，不是刮大风，就是下大雪，很难攀登。

好不容易等到 5 月份，风雪温柔了点儿，有了登山机会，可珠峰随时会变脸，下撤就是家常便饭。

时间不多了！根据气象预报，5 月只有最后一次登顶的机会了。

勇闯难关

一定要抓住这次机会！

5 月 24 日，测量登山队再次出发。

茫茫雪山上，他们像一只只蚂蚁一样闯进了珠峰设下的重重关卡。

第一关，北坳冰壁。阳光下，它像一道冰墙，闪着点点寒光，裂着一道道冰缝。

不怕！队员们脚踩冰爪，抓紧路绳，越过裂缝，翻过冰墙。

第二关，“大风口”。骇人的大风，在这里旋转，扭动，越吹越大。

小心，别被刮跑了！队员们抱着石头，趴在地上；到了晚上，他们只能抓着帐篷杆，坐着休息。

终于，要攻顶了。

5 月 27 日凌晨，队员们戴着头灯出发了。漆黑的夜幕中，小小的光点连成线，缓缓地朝峰顶移动。

突然，一道约 4 米高、近乎直立的峭壁，横在眼前。第三关——“第二台阶”，到了！

曾经，它是最难逾越的“鬼门关”。

1975 年，中国测绘工作者与登山运动员为珠峰“量身高”，他们第三次冲锋，与狂风战斗了好几个小时后，架起金属梯，终于翻了过去。

这次，队员们借此梯顺利爬过了“第二台阶”。离峰顶越来越近了！

登上峰顶

“呼哧呼哧”，队员们喘着粗气。

峰顶就在眼前。一个，两个，三个……队员们全部登上了峰顶。

下一个任务——测量。

说起测量，就要用到“老前辈”——觇标和雪深雷达了。

觇标是架设在测量点上，供观测使用的测量标志。珠峰周围有 6 个测量点，觇标一登场，他们就开始了测量。

雪深雷达能穿透冰雪，探测到岩石表面。积雪的深度，雪深雷达“看”得一清二楚——雪帽子，可不能算进珠峰的“身高”。

“老前辈”功劳大，“新朋友”也有绝招。

北斗卫星导航系统，能在太空找到珠峰的头顶。重力仪，能测算出珠峰的脚在哪儿。找准了头和脚，珠峰的“身高”才能更精确。

天真冷啊，风越吹越大，队员们吸着氧气，在峰顶一工作就是 150 分钟。

5 月 28 日，他们带着最新数据，安全返回了珠峰大本营。

珠峰到底有多高呢？

2020 年 12 月 8 日，中国和尼泊尔共同宣布，珠穆朗玛峰的新“身高”是——8848.86 米！

致敬

只有不怕困难、勇往直前的人，才有可能登上地球之巅，完成使命，领略不一样的风景！

人民的保护神：“漳州 110”

榜样档案

团队 “漳州 110”

荣誉 2021 年，荣获“时代楷模”称号

写在前面

除了爸爸妈妈的手机号，你记住的第一个号码是什么？很多人回答“110”。

是啊！大家都知道，“有困难，找 110”。那么，这句话是怎么来的？答案藏在福建漳州。

他们，是人民的保护神

给 110 做广告

1990 年，“漳州 110”成立。

不久，警察们为两件事“吵”了起来。

一天夜里，有名孕妇要生孩子。可是，亲人不在身边，她只好打 110 求助。警察将她送到了医院。

又有一个深夜，一名女子下班时，发现有陌生男子尾随。她很害怕，就拨打了 110。警察排除了危险情况并把她送回了家。

当时，不少警察觉得困惑：我们的任务，不是打击犯罪吗？送人这种事，要不要管？

讨论很激烈，最终有了结果：为群众排忧解难也是人民警察的职责。他们认为，警察不仅要打击犯罪，也要服务人民。

于是，漳州的 110 报警台，改成了 110 报警服务台。

“漳州 110”还在电视上连做 7 天广告，让老百姓都知道——“有困难，找 110”。

快，再快一秒

光让人们知道 110，还不行。关键是，110 得真正解决问题。该怎么做呢？

“漳州 110”认为，“快”是 110 的生命。只有足够快，才可能阻止犯罪，更好地帮助群众。

刚成立时，“漳州 110”设在三楼。

警察下楼，需要 55 秒。

后来，队长买来竹竿，竖在阳台外。接警后，警察抱着竹竿，“嗖”地滑下楼，只需 5 秒。

不过，这是专业人士才能做的危险动作，小朋友千万不能模仿。

够快了吗？不够。

警察值夜班，睡觉时不脱衣，接到报警，起身就走。

够快了吧！还不够。

一些老旧小区楼多，楼号标注混乱。那里一旦发生警情，警察要找好一会儿，才能到达现场。

那就给地形复杂的小区手绘地图，警察人手一份。这样，从小区哪个大门进，走哪条路最快，一目了然。

群众报警后，常常不到 5 分钟，警察就赶到了。群众说，“漳州 110”，又快又灵！

全国的榜样

又快又灵的“漳州 110”，已经完美了吧？不！他们还在继续探索如何进步。这不，他们有了新发现。

过去，有人报警后，警察赶到现场，会把报警人带回派出所了解情况，再决定如何抓捕坏人。可是，这一来一回，坏人有可能已经逃之夭夭。

能不能群众一报警，警察就同时开始破案？他们真的办到了。

2020 年 12 月的一天，“漳州 110”接到 3 个报警，都是电动自行车被盗。

有的警察赶往现场，有的警察开始调取监控。锁定！一个戴黑色鸭舌帽的男子将电动自行车搬上货车，准备运出市区。

马上拦截！短短 3 个多小时，被盗的 3 辆电动自行车，全部追回。咦，不对，怎么有 4 辆电动自行车？原来，有一个失主，还没有发现自己的电动自行车被盗了呢！

“漳州 110”，真棒！

致敬

有人说，全世界每个国家都有警察，但是叫“人民警察”的，只有中国。人民警察为人民，他们就是人民的保护神！

维护和平、播撒希望的中国蓝盔

榜样档案

人物 中国蓝盔——参加联合国维和行动的中国官兵

事件 《中国军队参加联合国维和行动 30 年》白皮书发布，展示了中国的维和成绩与决心

写在前面

2020 年，是中国军队参加联合国维和行动 30 周年。2020 年 9 月 18 日，国务院新闻办公室发布白皮书，展示中国军队的维和成果。这是中国政府首部维和专题型白皮书。

因为头戴蓝盔，中国维和部队也被亲切地称作中国蓝盔。

中国蓝盔，为世界和平而来

他们去哪里

2006 年 5 月，一支中国维和部队挥别了祖国。

飞越一万多千米后，他们降落在非洲国家苏丹。

一下飞机，战争的气息就扑面而来。拿枪的人，随处可见；飞机残骸，四处散落。

到了营地，又是一惊。

荒地之上，杂草丛生。战士们只能撸起袖子除草、平地、搭帐篷。

好不容易有了落脚的地方，天一黑，不速之客又来了。

非洲白蚁，个头大，铺天盖地，席卷而来；按蚊，体形虽小，却是传播疟疾的狠角色。

这下，又要大战蚊虫啦！

这地方又苦又危险，他们去干什么呢？

他们干什么

维和部队，是来维持和平的。

但这支部队很特殊。他们没有战场，也没有敌人，要始终保持中立。

他们手里有武器，但是，除非自卫，否则不能使用。

他们的任务既危险又艰难。

在中东，发生冲突的两国终于停火。边界划定了，可是周围却埋着成千上万的地雷，被人们叫作“死亡地带”。

谁来排雷呢？中国蓝盔挺身而出。他们小心翼翼，每走一步都像是在刀尖上跳舞。

有一种地雷俗称“朝天雷”。这种地雷的引信朝着上面，而且它的性能很不稳定，容易爆炸。想排除它，需要十二分的小心。

在非洲，平民保护区发生了混战。2000 多人扔着石头，挥着棍棒，打得不可开交。

谁去制止？中国蓝盔。他们手举盾牌冲进保护区，用自己的身体隔开人群，制止了冲突。

每一次执行任务，危险都无处不在。疟疾、高温、炮弹都可能夺去蓝盔战士的生命。

为了世界和平，已有 16 名中国蓝盔战士永远离开了这个世界。

他们为和平而来

中国蓝盔，不仅给世界送去了和平，还在异国他乡播撒着希望。

非洲的苏丹，是“世界火炉”，极其缺水。

国际水利专家甚至给苏丹的不少地方判了“死刑”——不可能找到水！

可是，中国蓝盔还是一头扎进了茫茫荒原，勘探，找水。

太阳真晒呀！大地好像着了火。

他们找了很远很远，终于找到了水，还帮忙打了井。

有水了！苏丹人高兴地跳起了舞。

在非洲的利比里亚，不少村庄没有医生。中国蓝盔中的医生上门为村民检查身体。

一检查，查出了一大群发烧、得疟疾的村民。中国医生支起桌子，看病、开药，还教起了预防知识。

病好了！村民们再见到中国医生，全都竖起了大拇指。

这就是中国蓝盔。

年复一年，一批又一批中国蓝盔，先后奔赴 20 多个国家和地区维和。他们为和平而来！他们为人们点亮了希望！

致敬

大国之大，不在于体量大、块头大、拳头大，而在于胸襟大、格局大、担当大。中国维和官兵，用实际行动诠释了大国之道。

悬崖峭壁上造“天梯”的村民

榜样档案

人物 四川凉山彝族自治州阿土列尔村村民

事迹 为方便孩子们上学，修建“钢管天梯”

写在前面

大概再没有比这难走的上学路了！
一条是挂在悬崖上的藤梯，另一条是需要走五六个小时的山路。
“悬崖村”的孩子们，哪条路都走过。
后来，他们有了更安全的路——村里新修了坚固的“钢管天梯”。

“悬崖村”村民绝壁上造“天梯”

不爬悬崖就得走五六个小时的山路

“悬崖村”其实叫阿土列尔村，位于四川大凉山的一处峭壁之上。

顺着村边的悬崖朝下看，就能看到位于崖底的村小学。

峭壁上挂着的一条藤梯，就是村里孩子们上学的路，也是出村最近的路。

每次走这条路，10 岁以下的孩子都会受到特殊保护——家人把自己和孩子捆在绳子的两端，爬藤梯时连提带拽，以免孩子掉下悬崖。

如果不走这条路，还有一条将近 20 千米的路可选。不过，那简直是“探险”——翻高山、穿山洞、蹚急流、坐汽车，一路折腾五六个小时，才能到达学校。

没办法，“悬崖村”的孩子只能住校，很久才能回家一次。

村里有力气的人都来了

这样的上学路，简直太危险了。

当地政府决定，拿出 100 万元，用钢管新建一条“天梯”。

“天梯”有一定的坡度，还有栏杆，走起来就像上楼梯，方便多了。“天梯”固定在悬崖上，不像藤梯那样摇摇欲坠，既安全又节省时间。

太好了！孩子们上学终于不用再爬危险的藤梯了！

2016 年 8 月，“钢管天梯”动工了。

那么多钢管，好几十吨重，需要背到山上的工地。

村里有力气的人，纷纷主动站出来。

“钢管天梯”太难建了

平时，爬山和背东西对村民来说，不算难事。

不过，当钢管背到背上的时候，他们才知道，做这件事情有多难。

有些钢管长达 6 米，有两层楼那么高，再健壮的小伙子一次也只能背两根，还很难保持平衡。

除了费力，缺水对他们来说，也是一大挑战。背着钢管，他们身上没地方再背水壶，渴了也只能忍着。

每天天一亮，村民们就开工了，往返一趟至少需要 5 个小时。没多久，他们就磨破了鞋，累酸了腰，磨出了茧子。即使这样，他们也没有退缩，硬是用两个多月的时间，配合施工人员把“天梯”建好了。

2016 年 11 月 19 日，孩子们第一次走“天梯”回家，又稳又快，感觉好极了。

阿土列尔村村民的动力是从哪儿来的？

很简单，他们希望孩子们的上学路不再充满危险，希望孩子们能安心地学习。

好消息一个接一个。

在党和政府的关怀下，2020 年 5 月，很多村民搬进了集中安置点，住进了楼房。孩子们上学也更加方便，不用再爬“钢管天梯”了。

“悬崖村”也有了新使命。这里成了旅游景点，游客络绎不绝。村里的特产青花椒、脐橙，也走出大山，走进了千家万户。

村里的一些年轻人，还当起了网络主播。他们直播山里的风景和村民的生活，让更多人看到了“悬崖村”天翻地覆的变化。

致敬

背着沉重的钢管爬悬崖很危险，但村民们不怕。因为他们背起的是爱和责任，是孩子们的未来。

勇往直前的白衣战士

榜样档案

人物 战斗在武汉抗疫一线的科学家、医护人员

事迹 疫情到来时，冒着生命危险治病救人

写在前面

2020年的春节，注定让人难忘。

一场突如其来的疫情，打破了人们平静的生活。

战争打响了！白衣战士冒着生命危险，奔赴战场，救治病人。他们被称为“最美逆行者”。

“最美逆行”的白衣战士

“战争”在武汉打响

这场没有硝烟的战争，在湖北武汉首先打响。

武汉，位于我国中部，常住人口有 1200 多万。这里，长江穿城而过，高铁四通八达，美丽又繁华。

2020 年春节前，武汉格外热闹。人们忙着采购年货，和朋友团聚，去外地旅游……

谁也没想到，一种凶狠而又狡猾的病毒，正悄无声息地潜入人们的身体。

鼻子好痒，阿嚏！嗓子也不舒服，咳！咳！

这是一种新型冠状病毒。它非常小，肉眼看不见。人们咳嗽、打喷嚏时，它乘风飞行，可能会传染附近的人。

在武汉，它跟随着人们，挤进菜市场，溜到超市里，走进家中，甚至坐着火车、飞机，堂而皇之地“进军”其他地方。

大战，一触即发！但是，当时人们并不是特别清楚到底发生了什么，应该如何保护自己。

不让大家去，他们却去了

科学家钟南山，发出了警示！

钟南山是中国工程院院士，是国家卫生健康委员会高级别专家组组长。2020 年 1 月 20 日，他通过新闻发布会大声呼吁，这种病毒能在人与人之间传播，建议大家尽量不要去武汉！

远离武汉，就远离了最危险的战场，被病毒攻击的可能性就会大大降低。

钟南山建议大家不要去，可在呼吁之前，他就已经义无反顾地踏上了去武汉的高铁。

没有座位，他挤坐在餐车里，也顾不上休息，一路埋头研究资料。

到达武汉后，这位 84 岁的老人，像高速旋转的陀螺一样，忙个不停。他走访医院，研究疫情，告诉人们如何预防。

像钟南山一样，冒着生命危险赶往武汉的，还有很多科学家。

传染病学专家李兰娟，多次往返武汉。她走访患者，分离病毒，寻找遏制疫情的办法。这位 73 岁的老人，有时候一天只睡 3 个小时。她一刻不停地和病毒赛跑，从死神手里抢救生命。

白衣战士最美

在和病毒斗争的战场上，如果说科学家是制定作战方案的将领，那么，千千万万的一线医护人员，就是勇敢的白衣战士。

甘如意，是武汉的一名医生。疫情发生时，她正在 300 多千米外的老家休假。

抗疫一线需要我，必须回去！

可是，公共交通已经停运。这个 24 岁的姑娘，顶着风雨，骑上自行车，再搭顺风车，花了四天三夜，终于赶回了医院。

然而，武汉这个主战场上，病人太多了，当地的医护人员根本不够用。

北京支援！上海支援！河南支援……

军医吴娅利家住重庆。她本来和女儿说好，要带女儿去黑龙江哈尔滨看雪。除夕夜，吴娅利接到去武汉的通知，她搂着女儿说：“妈妈是军人，你和爸爸在家等妈妈回来好吗？”要出发了，7 岁的女儿抱着她哭着说：“妈妈，那你答应我一定要平安回来。”

来自全国各地的白衣战士，纷纷赶往武汉，马不停蹄地救治患者。

累了，躺在地上休息一会儿；渴了，忍着不喝水。汗水浸湿了衣服，脸庞被口罩勒得通红。人们说，这是“天使印记”，真美！

新增的患者越来越少，经过救治，很多人开始康复出院。

疫情这匹脱缰的野马，被套上了缰绳，得到控制。

许多白衣战士相约，疫情过后，大家一起去武汉，赏樱花，吃热干面，登黄鹤楼！

致敬

去武汉支援的白衣战士，他们不害怕吗？

当然怕。但是，当国家需要、当患者需要的时候，他们克服恐惧，挺身而出。这就是勇敢！这就是奉献！

勇夺第一的中国军人

榜样档案

人物 第七届世界军人运动会中国参赛军人

战绩 近万名各国军人大比武，中国展示和平形象，中国位居奖牌榜第一

写在前面

“砰！”发令枪响，运动员冲上跑道。

咦，跑道上怎么有高墙、壕沟和独木桥？

原来，他们参加的，不是普通的运动会，而是世界军人运动会（以下简称“军运会”）。

全世界军人，赛场比比谁最强

他像子弹一样挡不住

2019 年 10 月 18 日至 27 日，在湖北省武汉市，109 个国家的近万名军人，走上赛场一较高低。

500 米障碍跑开始了！蛇形的跑道上，布置了 20 个“拦路虎”。

选手要想顺利过关，得爬绳梯、钻低桩网、翻矮墙、越壕沟……

看，那是中国选手潘玉程！

5 米高的绳梯又高又晃。潘玉程飞速爬到最高处，一个转身，从另一侧直接跳下。他比对手快了一步。

低桩网离地面只有半米高。潘玉程一个鱼跃，刺溜钻到网下，顺势滑行，领先对手三四米。

最难的来了！一个 1.2 米长的涵洞，贴着地面，只容一人钻过，不仅耗费选手体力，还浪费时间。潘玉程有没有妙招？

只见他速度不减，全身绷成一条直线，朝着涵洞一头扎进去。他像一颗子弹一样瞬间从涵洞里穿过，把对手远远地甩在身后！

越过一道道障碍，潘玉程冲向终点。他夺得了冠军，打破了6 年前自己创造的世界纪录！

比赛项目源于军事训练

看起来 500 米障碍跑像闯关游戏，其实，它源于军事训练。

70 多年前，一名法国军官根据实战需要，设计了“军事五项”训练。500 米障碍跑是其中最难的一项。后来，它成了不少国家的士兵体能训练项目。

1995 年，为纪念第二次世界大战结束 50 周年以及《联合国宪章》签署 50 周年，第一届军运会在意大利首都罗马举行。许多军事训练的项目，成了军运会的比赛项目。

陆军比一比“军事五项”，海军比一比开船、射击、救生，空军比一比开飞机、障碍跑……篮球、足球、跆拳道等体育项目，也要比一比。

从战场到赛场，体育连接着友谊与和平，传递着梦想和希望。

从那以后，每四年，各国军人都会在军运会中欢聚一次。

用比赛致敬和平

这次，军运会轮到中国来办。

中国热爱和平，来参赛的军人都感受到了。

中国热情邀请各国参赛，为一些国家争取到参赛机会，还专门修建了军运村，让各国军人一起生活和交流。

选手们住的房间，公平分配，不受各自国家大小的影响。

中国热爱和平，全世界都看到了。

在开幕式上，一群铠甲武士挥舞着手中的盾牌，拼成“武”字，又拆成“止”字和“戈”字，传递中华儿女自古追求和平的愿望。

中国想告诉世界“止戈为武”的道理——武装力量不是为了

侵略，而是为了消灭战争，捍卫和平。

当闪耀着和平之光的军运会火炬传递到中国代表手里时，中国篮球名将把它高高举起。他穿过用各国文字书写的“和平”之路，把火炬伸向水池……

那一刻，水火交融，圣火熊熊燃起，和平之光在中国越燃越亮。

2019 年 10 月 27 日，第七届世界军人运动会闭幕。参赛军人共打破 7 项世界纪录、85 项国际军事体育理事会纪录，创造了军运会新的历史。

中国军人共获得 133 枚金牌、64 枚银牌、42 枚铜牌，无论是金牌榜，还是奖牌榜，中国都是第一名。

国际军事体育理事会主席皮奇里洛说：“中国人民对和平的理解，还有团结、友谊这些理念，都通过军运会的成功举办传递给了全世界。”

致敬

体育的阳光穿透战争的阴霾，友谊的桥梁让各国军人深入交流，不断凝聚和平的力量。向每一位为世界和平努力的人献上深深的敬意！

洪水中勇救学生的老师

榜样档案

人物　桂花完全小学 14 位教职工

事件　不顾个人安危，拯救 93 个孩子的生命

写在前面

在学生的眼中，老师是什么样子的？

是像爸爸那样，十分严厉？还是像妈妈那样，有些唠叨？

2019 年 6 月 5 日，湖北省十堰市谭家湾镇桂花完全小学的一群老师却变身为“超级英雄”，拯救了 93 个孩子的生命。

洪水中，“超级英雄”抱紧 93 个孩子

洪水来袭

桂花完全小学，是一座安静而美丽的学校。

校园里，枝繁叶茂的桂花树，一到秋天就散发出醉人的芬芳。校园外，两条河流在此交汇，蜿蜒流淌。

2019 年 6 月 5 日，66 名学生像往常一样，在学校里认真地学习。

和往常不一样的是，这一天，窗外乌云翻滚，狂风大作，继而暴雨如注。

雨越下越大，越下越猛。很快，浑浊的河水就像脱缰的野马，从上游滚滚而来。

眼看洪水就要涌入校园。危险！赶紧撤。在老师们的带领下，教学楼一楼二楼的学生，迅速撤到三楼。

学生撤离没多久，“轰隆”一声巨响，校园外侧的围墙应声倒塌。

洪水冲进来了！

胆小的孩子，开始哭起来。

“别怕！”负责看护的老师连忙安慰孩子。就在这时，窗外传来一阵惊叫，有位老师落水了！

老师有危险

落水的老师，是去校外巡查的刘兴晓。看到洪水冲过来，他急忙掏出手机向学校示警，可手机一滑，掉进了水里。

他又拼命往学校跑。刚跑到校门口，大铁门就被齐腰深的洪水卷走了。他一把抓住门卫室的小门，才没被冲走。

“上房顶，上房顶！”教学楼里的老师们一边找绳子，一边冲刘兴晓大叫。

洪水迅速上涨，转眼就吞没了周围的一切。

刘兴晓好不容易爬上了门卫室的房顶，可门卫室也可能随时被冲垮。

在距离门卫室不远的教学楼二楼，老师们一次次把绳子抛向刘兴晓，却怎么都抛不过去。

就在这时，隔壁传来了一片哭声！

哎呀，一墙之隔的幼儿园里，还有孩子呢！看样子，洪水很快就会涌进幼儿园。

“别管我！先去救学生！”刘兴晓嘶哑着声音喊道。

生死关头，到底先救谁？

一个都没少

其他老师含着眼泪，朝幼儿园奔去。

幼儿园和小学一墙之隔。

墙那边，幼儿园里的两名老师找来梯子，爬上墙头，把孩子一个一个往这边递。

墙这边，小学里的老师踮起脚尖、伸出双手，稳稳地一个又一个地接住。

短短 8 分钟，所有的孩子都接过来了。

“1，2，3，4……”老师们开始清点人数。可数来数去，只有 20 个。

还差 7 个！老师们慌了，赶紧翻过墙头，冲进幼儿园。可是，他们把角角落落都找遍了，什么也没发现。

老师们都快急疯了！

“找到了，快回来吧！”原来，7 个小朋友跑到小学生堆里，去找自己的哥哥姐姐了！

老师们又赶紧翻墙回来，一遍又一遍地清点人数。

总共 93 个！是 93 个！一个都没少！

直到洪水退去，刘兴晓老师才被救下来。

孩子们要记住的，除了这 14 位老师，还有一位家长。他和老师们一起，进行了救援。

洪灾过去后，社会各界送来了爱心物资。桂花完全小学也复课了，琅琅读书声又回荡在校园上空。

神奇的“最牛航空班”

榜样档案

人物 5381班——西北工业大学飞机系1978级空气动力专业

成绩 一个班级诞生三位飞机总设计师

写在前面

这是什么节目？歼-20总设计师杨伟、运-20总设计师唐长红、歼-15常务副总设计师赵霞，三位中国航空大明星竟然同台演出。

这是西北工业大学建校80周年的校庆晚会。他们三位，竟然是同班同学！他们当年所在的5381班被称为“最牛航空班”！

“最牛航空班”，神奇在哪里

我们要上大学

1978年，是中国恢复高考的第二年。

上千万渴求知识的年轻人加入了高考大军。“上大学”，成了他们心中最美好的愿望。

这一年，15岁的杨伟初中毕业。毕业考试6门课，他5门得了100分，1门得了99分。

本该上高中，但杨伟另有打算。他要考大学！

没想到，杨伟的报名申请，竟然破格通过了。更没想到，他的考试成绩还很棒，离北大、清华的录取线仅差一两分！

这一年，19岁的唐长红，也要考大学。那时，他还在农村劳动。他白天锄地修路，晚上挑灯学习。他的物理高考成绩，是陕西省第一名。

高考结束，杨伟和唐长红都考上了西北工业大学。他们不仅成了同班同学，还住进了同一个宿舍。

“爱攀比”的5381班

杨伟和唐长红，学的是飞机设计，空气动力专业，班级编号5381。

同学们来自五湖四海，经历各不相同，年龄也参差不齐。15岁的杨伟年龄最小，而年龄最大的同学，已有 32 岁。

这种差别，是那个时代特有的。

要知道，当时中国已中断高考多年。

上大学的机会，来之不易。所有同学，都无比珍惜。

对知识的渴求，让 5381 班里刮起了“攀比风”。

比什么？比学习。

你学的理论很深，我要比你学得更深。你做的习题多，我要比你做得更多。

有的同学，清晨不等教学区开门，就自己翻墙进教室学习。有的同学，买个小灯泡，晚上看书到深夜。

同学们还在比赛钻研。

那时候，5381 班没有现成的专业教材，要靠老师们自己编、自己印。

老师们编的教材同学们“吃不饱”，就找来外文原著，一字一字“啃”下来，一点一点“吞”下去。

在这里，同学们学到了解决问题的办法，还树立了远大的志向。

神奇的 5381 班

5381 班的同学们收获的不仅仅是知识，还有踏实的精神。

5381 班的赵霞大学毕业后，进入沈阳 601 所工作。这是中国歼击机设计研究的基地，英才云集。赵霞担心自己无法胜任工作，便一头扎进了资料堆。日复一日，年复一年，她把 10 多个大柜子里的资料，全部研究了一遍。

同学们收获的，还有真挚的感情。多年来，大家定期聚会，探讨技术，这是难舍的同学情。意见有分歧，大家畅所欲言，不讲情面，这是赤诚的爱国情。

没有这些收获，杨伟无法设计出中国第一款隐身战斗机歼–20，唐长红无法设计出新一代大型军用运输机运–20，赵霞也无法让歼–15 舰载机在大航母上翩翩起舞。

也许，这就是“最牛航空班”的神奇之处吧。

致敬

什么是真正的友谊？友谊，不仅是相逢相知，更是志同道合；友谊，不仅需要快乐相处，更需要相互鞭策，共同进步。

逐梦九天探苍穹的中国航天员

榜样档案

人物 中国航天员

荣誉 被授予“时代楷模”称号

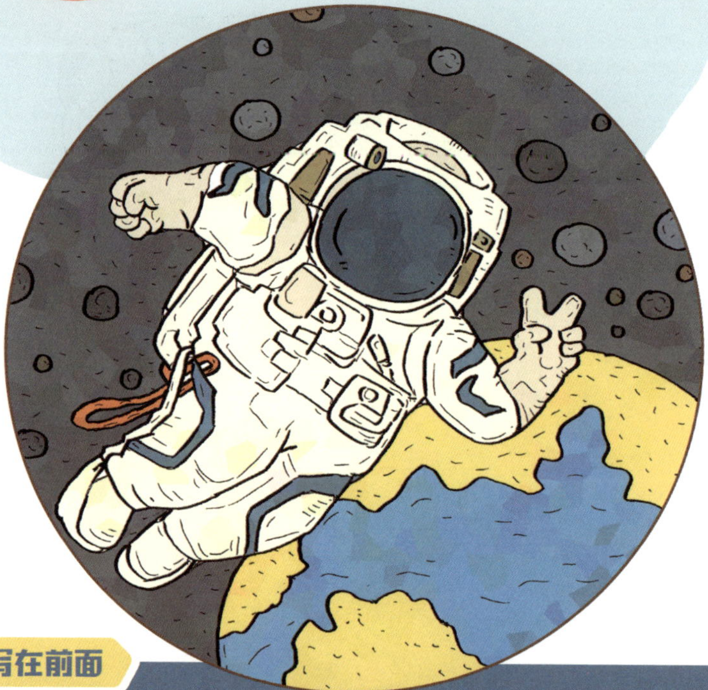

写在前面

他们，个个都是超级英雄。甘冒奇险，探索宇宙，为国争光，他们就是飞天英雄——中国航天员。

2018 年 1 月 25 日，中国航天员群体被授予“时代楷模”称号，是大家学习的榜样。

飞天英雄是怎么炼成的

最难的事

“当航天员最难的是什么？”

航天英雄、中国飞天第一人杨利伟说，答案只有两个字——学习。

航天员要在短时间内学习很多课程。

有的课程，大学生需要学一整年，而航天员往往要在3个月内考过关。上百万字的飞行手册，也要烂熟于心。白天，为了不犯困，他们甚至会站着听课。晚上，他们把宿舍变成“不夜城”，继续学。

体能训练，更是严酷到了极点。

超重耐力训练，他们要在高速旋转的机器里，承受相当于8倍体重的压力。每次训练，面部肌肉都会严重变形，几乎无法呼吸。如果坚持不了，只需按下手边的红色按钮，机器就会停。但是多年来，没人碰过这个按钮。

出舱练习，要穿上重约200千克的训练服，钻到水下练习。有时候，航天员一练就是六七个小时，训练完手抖得连笔都拿不住。

除了练“飞天”，有时候还要练“入地”。

欧洲的撒丁岛，有个蜿蜒曲折的地下洞穴。里面没有声音、没有光线，只有无尽的危险和孤独，跟太空环境相似。

中国航天员，像蚯蚓一样过狭窄通道，像壁虎一样爬悬崖峭壁，出色地完成了训练。

航天员的学习与训练，总共有上百个科目。航天员都坚持了下来，没有人放弃。

生死考验

一旦火箭起飞，航天员还要面对生死考验。

2003 年，杨利伟乘神舟五号首飞太空。火箭上升时，出现了急剧抖动。难以承受的痛苦，让杨利伟感觉五脏六腑都要碎了。但最终，他硬是挺了过来。

还有一次“太空惊魂”，发生在 2008 年。翟志刚和刘伯明要完成首次太空行走。

意外出现了，舱门无法打开。如果硬撬，就可能损坏舱门，最终无法返回地球。他们没有迟疑，撬开舱门，继续执行任务。

太空行走前，意外再次出现——耳机中，竟然传来了火灾警报！

当时，在地面的指挥大厅里，人们听到了两位航天员的对话。

刘伯明：“坚持，反正任务我们继续。”

翟志刚：“明白。”

两次意外，后来证实都是虚惊。他们沉着冷静、坚持到底，让中国成功掌握了太空行走这一关键技术。

漫长等待

多年来，航天员大队培养了几十名航天员。他们个个都很棒，都有能力“飞天”。

然而每次任务，只需要 1 到 3 名航天员。其他人，只能继续等待。

刘旺是中国首批航天员中最年轻的航天员，他等了 14 年，终于等到机会乘坐神舟九号飞天。

航天员张晓光则等待了 15 年。他乘坐神舟十号在太空飞行了 15 天。他说：“15 年努力换来 15 天飞行。我为祖国感到骄傲，是祖国强大的航天实力把我们送到太空。”

而邓清明的等待，格外漫长。一次次选拔，一次次落选，可他仍然坚持训练，坚信梦想一定会实现。这一等就是将近 25 年。

随着神舟十五号升空，他终于圆了飞天梦。那一年，他已经年近花甲。

致敬

坚持，就是超级英雄的超能力。无论面对困难还是失败，他们从来不会放弃。

延伸阅读

航天员进驻空间站，除了完成科学实验，有时还会给全国中小学生上课呢。

2021年12月9日，在中国空间站天和核心舱，“天宫课堂”第一课开课啦。

不过，准备这样的课，难度可不小。

太空里，“天宫课堂”开讲

太空课程表

老师讲课，需要提前备课。太空课，也不例外。

不过，航天员备课更复杂，要和专家团队一起研究。

就说说“天宫课堂”的重头戏——实验课吧！

教具太重不行。

往太空运东西，太贵了。一千克的运费，相当于一千克的黄金。所以，教具得又小又轻。

教具不安全，也不行！

左一个不行，右一个不行，那什么样的实验能行呢？

这个实验，从地面到天上，最好有点儿不一样。

经过层层筛选，太空课程表终于定了下来。

通信高手

太空课备好了，可是，该怎么上课呢？

中国空间站，在距离地面约400千米的太空高速飞行。40多分钟的太空课上完，它能绕地球飞半圈。

老师在太空“飞”，学生在地球坐，想要像上网课那样“面对面”互动，可不简单。

好在，有“天链”卫星家族。它们在离地面 3 万余千米的太空轨道飞行。

家族里的卫星，个个是通信高手。

这次，家族派出了两颗卫星。它们架起了一条通信天路，为“天宫课堂”服务。

终于，可以开课了。

“天宫课堂”

丁零零，上课啦！

航天员翟志刚、王亚平和叶光富，把同学们的目光带到了奇妙的太空。

航天员王亚平在一个大水球里放了泡腾片。泡腾片打着嗝，咕嘟嘟冒泡。

在地球上，泡泡总是迫不及待地要从水里逃跑。

可是，太空是微重力，泡泡们懒洋洋的，不想动。这下，水球被泡泡占领，成了气泡球。

有时，微重力也麻烦。地球上，人们随随便便就能转身。到了太空，这竟然成了难事儿。

航天员叶光富左扭扭、右扭扭，上半身和下半身总是闹别扭，不愿意一起转。

太空真有趣！课结束了，同学们对太空的好奇却没有停。

图书馆里，太空书籍大受欢迎；实验室里，与太空相关的实验，格外热门。

没准儿，未来的航天员就在这些同学中间呢！

塞罕坝上的“地球卫士”

榜样档案

人物 建设林场的塞罕坝人

荣誉 建成世界最大人工林场，被联合国环境规划署授予“地球卫士奖”

写在前面

“地球卫士奖”，是联合国最高环保荣誉。只有对环境保护做出卓越贡献的人，才能赢得“地球卫士”这个称号。

2017 年 12 月 5 日，中国塞罕坝林场的建设者，当选“地球卫士”！

塞罕坝上的“地球卫士”，你们真棒！

荒漠来了种树人

很久以前，在北京以北 400 多千米的地方，有一片大森林。

森林的名字，叫塞罕坝，意思是“美丽的高岭”。这里林木茂密，鸟兽云集，是北京的绿色屏障。

后来，为充盈国库，清朝的皇帝下令砍树种田。渐渐地，森林消失了。

没有了森林的保护，西伯利亚的寒风长驱直入，内蒙古高原的流沙奔腾而来。塞罕坝变得滴水成冰，寸草不生，成了寒冷的荒漠。

北京的绿色屏障，倒下了。

遮天蔽日的黄沙，像凶猛的狮子，越过塞罕坝，扑向北京。

想减轻风沙对北京的影响，一个好办法，就是让森林“复活”。但是，让森林变成荒漠容易，再让荒漠变成森林，那可太难了。

有一群年轻人却想试一试。

60 多年前，小伙儿赵振宇和伙伴们唱着歌儿，来到了塞罕坝。

“复活”塞罕坝

一到塞罕坝，赵振宇和伙伴们就哭了。

他们是被冻哭的。这里实在太冷了！寒风往脸上一刮，眼泪就流了出来。

接下来的事，让赵振宇再次落了泪。

第一年，种下的树苗，几乎全死了。第二年，种下的树苗，又几乎全死了！

树苗真的在塞罕坝活不了？不！大家擦干眼泪，开始在荒漠里找办法。他们跑遍塞罕坝，终于发现了一棵活着的天然落叶松。

一棵树能活，其他的树也能活。

塞罕坝人再次从零开始。他们不再从外地买树苗，而是自己培育。男的育苗，女的护苗。

年轻俊俏的潘文霞，就是一名护苗员。

想让树苗长得好，还得上大粪。潘文霞二话不说跳下粪坑，一瓢接一瓢地淘。刚开始，她淘完粪，整天吃不下饭。

后来，潘文霞就不介意了，粪照淘，饭照吃。

慢慢地，潘文霞年纪大了，干不动了。她的儿子、孙子站了出来，接过她的粪瓢，继续干。

大自然的回赠

1年，10年，50年，树苗慢慢长大，塞罕坝“复活”了！

它有110多万亩，是世界上最大的人工林海。它对人类的回赠，超出了我们的想象。

它把风沙牢牢“摁”进地下，让北京的上空不再沙尘蔽日；它源源不断地产生氧气，可供 200 万人自由呼吸；它还净化出了一湖又一湖的洁净水源……

“复活”后的塞罕坝，震动了全世界。原来，退化了的环境真的可以被修复！

2017 年 12 月 5 日，联合国环境规划署将“地球卫士奖”授予塞罕坝人。

成为“地球卫士”后，塞罕坝人的干劲更足了。他们想种更多的树，给人们带来更多洁净的空气和水源！

致敬

印第安人有个传说：森林撑起了天空，如果森林消失，天空就会塌落，自然和人类就会一起毁灭。这虽是传说，但其中蕴含的道理值得我们仔细品味：保护大自然，不就是保护我们自己吗？

一代又一代塞罕坝人，付出青春甚至生命，筑起了一座不朽的绿色丰碑！

当兵当到极致的“兵王”

榜样档案

人物　中国“兵王”

事件　在平凡的岗位上干出了不平凡的业绩，被授予军衔

写在前面

“兵王”，就是士兵之王，是人们对一群神奇老兵的尊称。他们像大熊猫一样珍稀，像将军一样受人尊敬。

传说中的“兵王”到底有多神

特别的授衔仪式

2017 年 3 月 23 日，中国火箭军举行授衔仪式。51 名火箭军士兵，从将军手中接过命令状，戴上了一级军士长的军衔。

这可不一般！一级军士长，就是传说中的“兵王”。

军人，分为军官和士兵。简单而言，军官的职责是管理与指挥，而士兵的职责是听从指挥，具体作战。

和军官一样，士兵也有不同的军衔。以军士军衔为例，它分为初级军士、中级军士、高级军士三个等级。

高级军士又分为三级军士长、二级军士长、一级军士长。一级军士长，是士兵的最高军衔。

一级军士长的人数比将军还要少，个个都有过硬的本领，常常被比喻成军队里的大熊猫。

“兵王”到底有多“神”

让我们来看看，“兵王”到底有多“神”。

“兵王”中，有“定海神针”。有一位“兵王”，是导弹控制技师。当兵 30 多年，他没有做错一个动作，没有下错一个口令，没有接错一根电缆。只要有他在，战友们心里就特别踏实。

“兵王”中，有“铁甲神医”。有一位“兵王”，是专门给装甲车“治病”的“医生”。一次反恐演习，炮弹卡在了坦克炮膛里，随时可能爆炸。他立刻疏散战友，独自钻进坦克，3 分钟就让坦克转危为安。

“兵王”中，有“军中车神”。有一位“兵王”，是导弹发射车驾驶员。他能让几十吨重的导弹发射车，在几厘米之间灵活移动。

“兵王”中，有“蓝天神探”。有一位“兵王”，是无人机控制技师。他像神探一样聪明睿智。军事演习中，他奔袭 20 多千米，巧妙突破重重警戒，完成了任务。

“兵王”中，有“军中枪王”。有一位“兵王”，是军械试验技师。他参加过很多次新型枪支试验任务，对各种枪了如指掌。光是子弹，他就打过 270 万发，他还能用狙击枪射中 1000 米外的鸡蛋。

“兵王”中，还有“神兵教头”。有一位“兵王”，是直升机维修专家。他培养出 400 多个“徒弟”，还参与了全军教材的编写。

“兵王”的人数很少，但他们神奇的本领，却多得说不完。

父亲向儿子敬礼

很多小朋友也许会好奇：如果军官见到“兵王”，谁应当先敬礼呢?

按照军人礼节，士兵见到军官要先敬礼。但在一些非正式场合，很多军官见了“兵王”，却往往会抢先敬礼。

关于敬礼，还有个有趣的小故事。

“兵王”王昌来，是潜艇部队的专业教练员，人称“鱼雷王”。他的儿子王晨和他在同一艘潜艇工作，是一名军官。

父子俩第一次在潜艇上碰面时，老王麻利地给小王敬了一个标准的军礼。小王很不好意思，就和老王商量说："爸，咱下回别搞这么正式，好不？"

没想到，老王严肃地说："在潜艇上，我是你部下，不是你老子！"

致敬

在"兵王"们的心里，自己只是一个兵，一个对自己严格到极致的兵。

现实生活里，大部分人做的都是很平凡的事情。但是，把平凡的事情做到极致，也可能成为神奇的"王者"。

无惧死神的中国扫雷兵

榜样档案

人物 中国扫雷兵

事件 2017 年，在中越边境排除地雷

写在前面

有这样一群中国士兵，他们每天都要跟死神打交道，一不小心就会被炸飞。

他们就是中越边境的扫雷兵。

中越边境上，徒手排地雷

战争留下的“恶魔”

四十多年前，在中国和越南的边境，发生了一场战争。后来，战争虽然结束了，但它留下了一个可怕的“恶魔”——地雷。

在长长的中越边境线上，埋藏着成千上万的地雷。经过这里的人们，一不小心就会被炸飞。

有一次，11 位村民结伴去一座山上干活儿。中午，他们在山下架锅烧饭。突然，“砰”的一声巨响，几颗地雷爆炸了。一锅饭被炸上了天，11 个人也只剩下 9 条腿。

被地雷炸伤的人还有很多。在一些村子里，假肢和拐杖是最常见的东西。

“恶魔”很难对付

这些害人的地雷，每一个都需要被挖出来。勇敢的扫雷兵与地雷“恶魔”展开了较量。不过，它们很难对付。

“恶魔”的家很隐蔽。它们不是藏在山高坡陡、峭壁林立的地方，就是藏在树林茂密、无路可走的地方。虽然扫雷兵有排雷车、扫雷机器人等装备，但在这里很难派上用场。

“恶魔”很强大。这里的地雷种类多、数量大，有防坦克雷、防步兵雷、跳雷等几十种。排雷方法非常复杂。

有的“恶魔”还很“狡猾”，会“乱跑”。有一次，一名扫雷兵在原本没有地雷的地方，发现了一个“地雷窝”。原来，由于雨水冲刷，其他地方的地雷被冲到这里，堆在了一起。

士兵在扫雷的时候，就像在刀尖上跳舞。他们中，有的人被地雷炸伤，有的人则牺牲在雷场。

双脚踩过扫完的雷场

虽然地雷“恶魔”又恐怖又危险，但扫雷兵丝毫没有退缩。他们凭借高超的技术，用自己的双手排雷。有时候，他们还要趴在地雷边上，用小铁锹一点一点地把它挖出来。

从 1992 年第一次大规模排雷开始，中国扫雷兵不怕牺牲，前赴后继，清理出一个又一个雷区。

每扫出一片安全区来，扫雷兵都要手拉着手，用脚在上面踩一遍。只有这样，他们才放心。

致敬

中国扫雷兵用脚踩遍雷场，这是一种伟大的责任心。当你把责任心装在心里，你就有可能成为像他们一样可敬的人。

非洲象的中国"守护者"

榜样档案

人物 中国反盗猎志愿者

事迹 从 2015 年开始，中国多批志愿者远赴非洲保护大象

写在前面

非洲象，被称为"陆地霸主"。它粗壮的鼻子，可以拔起大树；响亮的怒吼，能让狮子也退避三舍。如此威猛的大象，竟然还需要"守护者"！其中一些"守护者"，来自中国。他们的故事，让许多人深受启发。

非洲丛林里，有群大象“守护者”

天堂和地狱

在非洲国家津巴布韦，有一块巨大的“翡翠”——马纳普斯国家公园。

那里河流蜿蜒，草木茂盛，是野生动物的天堂。

呼扇着耳朵的大象、黑白相间的斑马，世世代代生活在这片辽阔的土地上。

原始又偏僻的马纳普斯，好像是被遗忘的角落。它成了盗猎者的目标。为了得到珍贵的象牙，无数盗猎者来到这里，设下陷阱，举起猎枪。

一头头大象，呜咽着倒下。

天堂，变成了地狱。

在非洲，津巴布韦曾是保护野生动物的模范。可是后来，由于种种原因，津巴布韦保护野生动物的工作人员变少了，渐渐地就力不从心了。在马纳普斯，盗猎活动愈演愈烈。这样下去，要不了多少年，这里的大象就会灭绝！

动物是人类的朋友，保护大象，人类义不容辞！2015 年，一群中国反盗猎志愿者，来到了这里。

深入丛林

保护大象？别开玩笑了！当地人看着这些中国面孔，连连摇头。

非洲丛林里，“死亡陷阱”可不少。走着走着，可能就会踩到毒蛇；被蚊子咬一口，也有可能染上疾病。

这群毫无丛林生活经验的志愿者，能行吗？

没有经验，那就从头学起。

动物的习性，他们一一了解。

食草的河马看似无害，可暴脾气一上来，攻击力特别强；和狮子狭路相逢，千万不能跑，要慢慢地走开；不起眼的野狗，是这里的长跑高手，能不惹就不惹……

打击盗猎者的装备，他们也带了一堆。身上穿的防弹衣、河里划的橡皮艇、增强视力的夜视仪，应有尽有。

他们还从中国运来轻型飞行器——动力三角翼，准备从空中侦察、锁定盗猎者。

在当地人怀疑的目光中，志愿者毫无畏惧地进入了马纳普斯。

成为大象“守护者”

那里的状况，比志愿者想象中的还糟糕。

“非洲死神”——剧毒的黑曼巴蛇，光顾过他们的帐篷。夜晚，还有野兽在周围徘徊。如果周围一片安静，更可怕——是狮子来了！

可是，为了赶走盗猎者，中国志愿者没有退缩。白天，他们不知疲倦地巡逻；夜晚，更是丝毫不敢懈怠。

2017 年的一天，一头大象被枪杀了。当地警察判断，盗猎者可能还在附近。收到消息，中国志愿者立刻带着警察，驾驶动力三角翼追踪。

盗猎者害怕留下痕迹被追上，吓得把鞋子都扔掉，光着脚逃跑了。

就这样，一批又一批的中国志愿者，为大象撑起了一把牢固的“保护伞”。在他们巡逻的地区，相当长一段时间，盗猎者没有再出现。

地狱，又变成了悠闲的天堂。

中国志愿者觉得，自己的收获远远超过了付出。

清晨，他们看到雄狮站在河边，眺望朝阳。

一些大象，顽皮地闯进他们的营地，捡野芒果当零食。

一抬头，天空清澈，白云低垂。

致敬

没有了动物，人类也将无法生存。保护动物，就是保护人类的未来。中国反盗猎志愿者，好样的！

征服地球九极的中国登山队

榜样档案

团队 中国地质大学（武汉）登山队

事迹 完成对地球九极的挑战，填补中国极地科考空白，创造新的世界纪录

写在前面

地球九极是指七大洲的最高峰和南北两极的极点。挑战它们，从来都是勇敢者的游戏。

中国地质大学（武汉）登山队可真了不起，用最短的时间征服地球九极，创造了世界纪录。

中国登山队征服地球九极

挑战地球九极

挑战地球九极，即登顶七大洲的最高峰，比如亚洲的珠穆朗玛峰、非洲的乞力马扎罗山等，并徒步走到南北两极的极点。

这可不是一件容易的事儿，全世界只有极少的人做到过。

中国地质大学（武汉）登山队，从 2012 年起，向地球九极发起挑战。

登山队中，既有大学教授，也有在校大学生。他们当中，年龄大的有 50 多岁，小的只有 20 多岁。

每一道难关都是考验

拦在登山队面前的，是一道道难关。

第一道难关是体能。为了增强体能，队员们进行了“魔鬼训练”。20 千克负重万米长跑、跑上 50 层楼高的台阶……除了力量训练，大家还要学习登山技巧，怎么打绳结、怎么在冰川上行走等。

第二道难关是恶劣天气。在攀登乞力马扎罗山的时候，登山队遇到了 20 年不遇的恶劣天气。第一天，暴雨夹杂着冰雹落下，打得脸特别疼。第二天，倾盆大雨又让他们冷得喘不过气来。特别是攀登顶峰的那天晚上，狂风裹挟着暴雪让大家寸步难行。登顶后返程时，有队员坠落断崖，所幸被救了上来，十分惊险。

第三道难关是心理考验。在北极，除了有“吃人”的冰裂隙，还有饥饿的北极熊。更可怕的是，有些地方的温度低至零下 40 多摄氏度，手机开不了机，连卫星电话都不能正常使用。如果遇到危险，他们可能连求救的机会都没有。一路上，每个人的心都提到了嗓子眼。

创造新的世界纪录

中国地质大学（武汉）登山队，克服重重困难，征服了七大洲的最高峰，到达了北极点。

2016 年 12 月，登山队开始挑战最后一站——南极点。

12 月 25 日，6 名登山队员成功站在了南极点。

从 2012 年登顶珠峰开始，他们仅仅用了 4 年零 7 个月，就完成了对地球九极的挑战。在这之前，最快完成这项挑战的登山队，花了 7 年多的时间。

他们还是世界第一支独立完成地球九极挑战的大学登山队。

在挑战极限的同时，他们也做了很多科考工作，填补了多项国内极地科考空白。

致敬

最难爬的高峰，并不在崇山峻岭间，而在每个人的心里。真正帮助登山队员登上顶峰的，是他们心中的勇气。

图书在版编目（CIP）数据

了不起的大国榜样 / 少年宝藏团著绘 . -- 北京 :
中信出版社 , 2023.10（2024.5重印）
ISBN 978-7-5217-5928-0

Ⅰ . ①了… Ⅱ . ①少… Ⅲ . ①先进集体 - 先进事迹 -
中国 - 现代 - 儿童读物 Ⅳ . ① K820.7-49

中国国家版本馆 CIP 数据核字 (2023) 第 155865 号

了不起的大国榜样

著 绘 者：少年宝藏团
出版发行：中信出版集团股份有限公司
（北京市朝阳区东三环北路27号嘉铭中心　邮编　100020）
承 印 者：北京联兴盛业印刷股份有限公司

开　　本：720mm × 970mm　1/16　　印　　张：7　　字　　数：120千字
版　　次：2023年10月第1版　　印　　次：2024年5月第3次印刷
书　　号：ISBN 978-7-5217-5928-0
定　　价：32.00元

出　　品：中信儿童书店
图书策划：神奇时光
总 策 划：韩慧琴　　策划编辑：刘颖
责任编辑：房阳　　营　　销：中信童书营销中心
装帧设计：姜婷　柒拾叁号　　内文排版：李艳芝